LE PREMIER TOURNOI DE HOCKEY DE RONDELLE

CANADA

FENN
TUNDRA

UNE HISTOIRE DE LORNA SCHULTZ NICHOLSON
ILLUSTRÉ PAR KELLY FINDLEY

Après des mois d'attente, Rondelle et ses amis participent enfin au Grand défi du hockey!

« Wow! », déclare Charlie en fixant l'énorme tableau installé à l'intérieur de l'aréna. « Il y a beaucoup d'équipes. »

Rondelle pointe vers le nom d'Équipe Canada. « Notre premier match est dans deux heures. Et nous jouons à nouveau cet après-midi. »

« Nous jouerons peut-être aussi demain – dans le match pour la médaille d'or »,
ajoute Manny.

« Nous devons d'abord gagner nos deux matchs aujourd'hui », explique Rondelle.

Roly se frotte le ventre. « Je suis si nerveux. Il faut que je mange. » Il renifle et dit :
« Ça sent les hot dog. J'adore les hot dog. »

Juste avant le match, Roly commande un hot dog avec ketchup, moutarde, relish et oignons, et le mange en se dirigeant au vestiaire.

Enfin, c'est l'heure du match. Après un bref cri de ralliement, Équipe Canada s'avance sur la glace pour affronter les Tornades de Toronto. Pendant que les joueurs prennent leur position, Roly place sa bouteille d'eau sur son filet et abaisse son masque.

L'arbitre effectue la mise en jeu et Rondelle tente de s'emparer du disque.

Mais un joueur de Toronto la récupère et fonce vers Roly. Il décoche un tir frappé et Roly voit la rondelle voler par-dessus son épaule pour pénétrer dans le but. Il a l'air découragé.

Rondelle lui donne une tape dans le dos et lui dit : « Ne t'en fais pas, ce n'est qu'un but. »

Rondelle se place à nouveau au centre pour la mise en jeu. L'arbitre laisse tomber la rondelle et cette fois-ci Rondelle s'en empare. Il la passe à Sarah qui file à vive allure.

« Je suis libre », crie Charlie en franchissant la ligne bleue.

Sarah effectue une passe soulevée à Charlie qui saisit la rondelle, tire et compte! Équipe Canada crée l'égalité. Peu après, Rondelle saisit un rebond et marque un autre but.

Quand la sirène se fait entendre à la fin de la période, Équipe Canada est en avance 2-1.

Aucune équipe ne marque en deuxième période. En troisième, Sarah marque d'un tir frappé court. Un joueur des Tornades gagne ensuite la mise en jeu suivante et file vers Roly. Les jambes de Roly tremblent. Il s'accroupit pour tenter de bloquer le tir, mais les Tornades marquent. C'est maintenant 3-2 et il ne reste que trois minutes!

« Nous sommes capables », dit Rondelle. « Ils ne doivent plus tirer vers notre but. »

Équipe Canada patine et patine. Lorsque la dernière sirène retentit, la marque est toujours 3-2. Rondelle et ses amis se félicitent alors en se tapant dans les mains.

Après le match, Équipe Canada trouve un endroit tranquille dans l'aréna où se reposer. Les joueurs écoutent de la musique et jouent à des jeux vidéo en mangeant tous des sandwichs santé que Rondelle avait préparés.

Juste avant le deuxième match, l'estomac de Roly recommence à crier. Il retourne donc au casse-croûte. « Je dois manger encore », crie-t-il par-dessus son épaule.

Il commande deux frites avec de la sauce.

« J'adore les frites », dit-il.

Le deuxième match d'Équipe Canada est contre les Vipères de Vancouver.

Les Vipères glissent sur la glace, se faufilant entre leurs adversaires. Les joueurs sont rapides, mais leurs tirs ne sont pas précis. Roly n'a pas à effectuer d'arrêts.

Rondelle marque en première période et Manny, en deuxième. Au début de la troisième période, Équipe Canada est en avance 2-0.

Mais dès la mise en jeu, la rondelle reste coincée dans la queue de Charlie. Un joueur des Vipères s'avance et s'empare de la rondelle. Roly essaie de s'accroupir, mais son estomac lui joue des tours; il ne se sent pas bien. Le joueur de Vancouver décoche un tir bas et la rondelle se faufile entre les jambes de Roly.

« Il faut les repousser! », crie Rondelle. Et en patinant fort, c'est exactement ce qu'Équipe Canada fait. Elle gagne le match 2-1.

Rondelle est heureux. « Demain, nous affronterons les Sangliers russes. »

11

L'équipe se réunit le lendemain matin à l'aréna. Roly se dirige immédiatement vers le casse-croûte où il commande trois pointes de pizza.

« Tu n'es pas obligé d'acheter de la pizza », lui dit Rondelle. « J'ai apporté des pommes, des bananes et des oranges. »

« Mais j'adore la pizza », dit Roly et il avale les trois pointes rapidement.

Au banc, Rondelle est tout excité. « Notre premier match pour une médaille d'or! » s'exclame-t-il.

Tous les joueurs s'encouragent – sauf Roly. Il se tient le ventre et gémit.

Le sifflet se fait entendre. C'est parti! Rondelle s'empare de la rondelle et file droit vers le but des Sangliers russes. Lorsqu'il voit François le dépasser à l'aile, il lui remet la rondelle. François réalise un superbe tir précis et voilà que la lumière rouge s'allume.

Lors de la prochaine mise en jeu, c'est un joueur russe qui s'empare de la rondelle. Il fonce vers Roly. Manny tente de bloquer le Russe, mais le Sanglier se faufile et parvient à décocher un tir. Roly a tellement mal au ventre qu'il ne peut se pencher. La rondelle pénètre dans le but.

Les Sangliers ajoutent ensuite deux autres buts. À la fin de la période, la marque est de 3-1 pour la Russie.

À la pause, Roly se rend au banc et s'y allonge. « Je ne me sens pas bien », dit-il. « Je ne peux pas jouer. »

« Que pouvons-nous faire? », dit Charlie pris de panique.

« Nous avons besoin d'un gardien », ajoute Sarah.

Personne n'ose parler. Puis, François dit : « Je pourrais essayer. »

Pièce par pièce, François enfile l'énorme équipement de gardien de Roly.
Les jambières lui montent jusqu'à la taille. Le plastron lui couvre presque les genoux.
L'arbitre siffle et François se dirige tant bien que mal vers le filet.

Dès la mise en jeu, un joueur russe s'empare de la rondelle et fonce au filet. Il prend son élan et tire.

François soulève l'immense bouclier de façon à couvrir son visage. La lumière rouge s'allume. Un autre but pour les Sangliers.

« Allez. Nous pouvons faire mieux que ça! », dit Rondelle.

Sur le prochain jeu, Rondelle effectue une passe à Sarah. Elle remonte la patinoire et marque d'un tir du poignet.

Peu après, Manny décoche un puissant tir frappé qui déjoue le gardien russe.

Après deux périodes, c'est 4-3. Mais Rondelle et ses amis sont épuisés!

Rondelle revient au banc. « Tu dois nous aider Roly », dit Rondelle. « Nous ne pouvons gagner sans toi. » Roly acquiesce de la tête et remet son équipement.

Au milieu de la troisième période, Manny décoche un tir vif des poignets alors qu'il se trouve aux lignes hachurées. La rondelle déjoue le gardien des Sangliers. La marque est maintenant égale!

Dix minutes plus tard, la sirène se fait entendre. Le match se décidera donc en prolongation.

Roly revient au banc, tenant son ventre à deux mains. « Je n'en peux plus. »

« Mais nous avons besoin de toi », réplique Rondelle.

« Ne nous abandonne pas », supplie François.

Roly soupire et se dirige vers son but alors que les deux équipes prennent place.

L'arbitre procède à la mise en jeu. Un peu plus d'une seconde plus tard, deux joueurs russes foncent vers Roly.

Le porteur de la rondelle exécute une feinte et tire. Roly se déplace latéralement, sort sa mitaine et réalise un arrêt spectaculaire. Les partisans crient de joie!

Au prochain jeu, Rondelle s'empare de la rondelle. Il se dirige vers le filet russe et décoche un puissant tir. La lumière rouge s'allume. Rondelle a marqué et son équipe gagne!

22 Rondelle et ses amis lancent leurs gants dans les airs.

Les sourires illuminent les visages des joueurs d'Équipe Canada lorsqu'ils reçoivent leurs médailles d'or.

Rondelle se tourne vers Roly et lui dit : « Je suis content que tu sois retourné devant le but. »

Roly sourit et embrasse sa médaille. « Moi aussi », dit-il. « Merci Rondelle. »

LES CONSEILS DE RONDELLE:

Il est important de bien manger avant chaque match.

N'abandonne jamais – même si tu es gardien de but et que tu as accordé plusieurs buts.

Quand tu commences à jouer au hockey, essaie toutes les positions.

LE CONSEIL DE RONDELLE EN MATIÈRE DE HOCKEY:

Pour effectuer **un tir des poignets,** place la rondelle sur le côté, derrière toi. Pendant que tu la ramènes vers toi, **transfère ton poids de ta jambe arrière à ta jambe avant.** Effectue un dégagé en pointant ton bâton vers la cible.

Bonne Chance!